Bunte Fensterwelt

Zu jeder Jahreszeit macht es Spaß, die Fenster mit individuellen Motiven zu schmücken und damit gute Laune in Ihr Heim zu zaubern. In diesem Buch finden Sie wunderschöne Borten rund um das ganze Jahr, mit denen Sie Ihr Fenster in ein Gesamtkunstwerk verwandeln können. Viele der Motive lassen sich auch miteinander kombinieren und ermöglichen so die verschiedensten Gestaltungsmöglichkeiten.

Jede Borte ist mit liebevollen Details verziert und in fröhlichen Farben gearbeitet.

Viel Spaß beim Basteln wünscht Ihnen

Anja Rittershoff

IHRE GRUND-AUSSTATTUNG
Diese Materialien werden für jede Borte benötigt und werden daher in den einzelnen Materiallisten nicht gesondert aufgeführt:

- stabiles Transparentpapier für Schablonen
- Bleistift
- Klebepads oder Klebefilm
- Radiergummi
- Bleistiftspitzer
- UHU Alleskleber, Klebestift, Heißklebepistole
- kleine, spitze Schere
- Schere
- Cutter mit Schneideunterlage
- Lineal, 40 cm lang
- Zeichendreieck
- Klebefolie

Hinweis: Mit Rest ist immer ein Stück Papier gemeint, das maximal A5 groß ist.

So wird's gemacht

1 Die Vorlagen entweder durch „Drubbeln“ (siehe Einlegeblatt in der Buchmitte) oder mithilfe von Schablonen auf das gewünschte Material übertragen.

2 Beim „Drubbeln“ bitte beachten, dass die Motive auf der Vorlage als Gesamtmotiv mit Überschneidungen dargestellt sind. Einzelteile sind daher meist mit gestrichelten oder gepunkteten Linien eingezeichnet. „Drubbeln“ Sie die Einzelteile ohne Überschneidungen einzeln auf das Material in der entsprechenden Farbe. Linien, die nicht benötigt werden, können ausradiert werden.

3 Zum Übertragen mit Schablonen stabiles Transparentpapier auf die ausgedruckte Vorlage legen und die Einzelteile des Motivs ohne Überschneidungen abpausen.

4 Die so hergestellten Schablonen auf das benötigte Papier legen, die Konturen mit Bleistift umfahren und dann die Teile sorgfältig ausschneiden.

5 Die Einzelteile bemalen. Wangen mit abgeschabten Spänen von rotem Buntstift, die auf den Finger genommen werden, röten. Dann die Motivteile mithilfe der Vorlage und Abbildung positionieren und zusammenfügen. Je nach Modell Verzierungen aus Papierdraht, Satinband o. Ä. anbringen.

6 Die fertige Borte mit Klebefilm am Fenster befestigen. Die separaten Einzelteile mit Klebepads gemäß der Abbildung oder nach Wunsch direkt auf dem Fenster befestigen.

Hinweis: Eine Anleitung zur Nutzung der Software „Vorlagen-Druckstudio“ befindet sich in der Mitte des Buches.

Tipps & Tricks

- Die gezeigten Borten können Sie der Größe Ihres Fensters anpassen, variieren und individuell zusammenstellen.
- Draht wird zu Spiralen geformt, indem Sie ihn um einen Stift wickeln, wieder abziehen und die Spirale leicht auseinander biegen.
- Für die Aufhängung der Motive am Fenster eignen sich doppelseitige Klebefolie, Klebepads oder kleine, gerollte Klebefilmstreifen sehr gut.

Königliches Fenster

Beschreibung auf Seite 4/5

Königliches Fenster

→ zauberhafter Fensterschmuck

MOTIVHÖHE
ca. 15 cm (pro Borte)

MATERIAL FÜR EINE BORTE
- Fotokarton in Hellgrün, A3
- Fotokartonreste in Gelb, Dunkelgelb, Orange, Rosa und Pink
- Lackmalstift in Weiß
- Filzstifte in Pink und Orange
- Strasssteine in Hellblau, ø ca. 2 mm
- Schleifchen in Weiß mit Perlen, ca. 2 cm breit

1 Die zugeschnittenen Motive bemalen und die Strasssteinchen und Schleifen aufkleben.

2 Die Kronen auf die Rückseite der Borten kleben, die Herzen vorne anbringen.

Tipp: Rechts und auf Seite 3 sehen Sie, wie hübsch die Borte in einer anderen Variante aussieht. Hier wurden außerdem kleine grüne Pünktchen auf die Borte gemalt.

Blumenzauber

→ zaubert Frühlingsstimmung

MOTIVHÖHE
ca. 33 cm

MATERIAL
- Fotokarton in Hellgrün, A2
- Fotokarton in Gelb, A3
- Fotokartonreste in Weiß, Rosa, Flieder, Rot, Pink, Hellblau, Grün, Orange und Mittelblau
- Transparentpapier mit bunten Punkten
- Lackmalstift in Weiß
- Filzstifte in Schwarz, Orange, Hellblau, Pink und Dunkelgrün
- Papierdraht in Grün, 1,80 m lang
- 2 Borsten vom Handfeger

1 Die Einzelteile der Töpfe und Blüten zusammensetzen. Für die Blumenstängel den Papierdraht in sechs 30 cm lange Teile schneiden, jeweils zur Hälfte knicken und zu einer Kordel drehen. Mit Heißkleber hinter die Töpfe und die Blüten kleben. Eine Spitze jedes Blattes leicht um den Stängel wickeln und mit Heißkleber befestigen. Die Motive bemalen.

2 Die Libellen, Schmetterlinge, Raupen, Käfer und Schnecke zusammenfügen und bemalen. Die Fühler der Schnecke aus zwei Handfegerborsten hinter dem Kopf fixieren.

3 Eine 3 cm breite Borte aus hellgrünem Fotokarton schneiden und mit dunkelgrünen Filzstiftstrichen schmücken.

4 Die fertigen Blumentöpfe hinter die Borte kleben. Die Käfer, Raupen sowie die Schnecke befestigen und sämtliche Teile am Fenster dekorieren.

Froschkonzert

→ Action am Teich

MOTIVHÖHE
ca. 20 cm

MATERIAL
- Fotokarton in Hellgrün, Dunkelblau und Hellblau, A2
- Fotokarton in Dunkelgrün, A3
- Fotokarton in Hellblau mit geprägten Ornamenten, A3
- Fotokartonreste in Gelb, Rosa, Orange, Pink und Gold
- Transparentpapierreste mit bunten Punkten und Blümchen
- Lackmalstift in Weiß
- Filzstifte in Schwarz, Pink, Orange, Dunkelgrün und Hellgrün
- Buntstift in Dunkelgrün
- Papierdraht in Hellgrün, ca. 30 cm lang

1 Für die Borte das hellblaue Papier mit den Ornamenten auf den unteren Rand des hellblauen Fotokartonstreifens kleben, den dunkelblauen Streifen unten auf der Rückseite des Papiers ergänzen.

2 Alle Teile ausschneiden und bemalen, dabei die Wangen mit verriebenen, dunkelgrünen Buntstiftspänen färben. Dann alles zusammenfügen.

3 Die Blumenstängel aus Papierdraht (ca. 5 cm lang) zuschneiden und die Blüten und Blätter mit Heißkleber an ihnen befestigen.

4 Die Blumen von oben zwischen den hellblauen Fotokarton und das Papier stecken. Buchstaben, Seerosen und Frösche vorn auf die jeweilige Borte, den Froschkönig auf ihre Rückseite kleben. Schmetterlinge, Libellen, Herzen und Borte mit Klebepads am Fenster befestigen.

Tipp: Ein kleiner Frosch kann auf eine Karte geklebt und so nett mit Frühlingsgrüßen verschenkt werden.

QUACK

Bunte Vögel

→ Treffpunkt Nistkasten

MOTIVHÖHE
ca. 51 cm (großes Vogelhaus)

MATERIAL
- Fotokarton in Hellorange, A2
- Fotokarton in Pink, 2 x A4
- Fotokarton in Gelb, Rosa, Lila, Hellgrün und Hellblau, A4
- Lackmalstift in Weiß
- Filzstifte in Schwarz, Orange, Pink, Hellgrün, Lila und Hellblau
- Papierdraht in Hellgrün, ca. 30 cm lang
- Schaschlikstäbchen
- Abstandsband

1 Die Vögel zusammensetzen, dabei die Flügel mit Abstandsband aufkleben. Die Vogelhäuser ebenfalls zusammenfügen.

2 Drei 10 cm lange Stücke Papierdraht zuschneiden, über ein Schaschlikstäbchen wickeln und wieder abziehen. Ein Ende mit Heißkleber hinter den Querbalken, das andere hinter den Herzen befestigen. Einen der Vögel auf die Spitze des rechten Häuschens setzen.

3 Alles bemalen. Die Vögel auf der Vorderseite, die Häuser hinter der Borte arrangieren.

Lustige Hühner

→ Ostern in Sicht

MOTIVHÖHE
ca. 30 cm (großes Huhn)

MATERIAL
- Fotokarton in Hellgrün und Hellblau, A4
- Fotokartonreste in Gelb, Orange, Flieder, Pink und Mittelblau
- Tonpapierrest in Rot
- Moonrock-Papier in Gelb, A3
- Satinband in Gelb, 3 mm breit, 90 cm lang
- Lackmalstift in Weiß
- Filzstifte in Schwarz, Orange, Pink, Lila, Dunkelgrün und Hellblau
- Nähgarn in Weiß
- Nähnadel
- Motivlocher „Kleines Herz", ø 1 cm
- Deko-Federn in Grün, Pink und Blau

1 Die Hühner zusammensetzen und das linke Huhn mit acht ausgestanzten Herzchen verzieren. Bunt bemalen, die Augen mit weißem Lackmalstift aufmalen, dünn mit schwarzem Filzstift umranden und Punkte als Pupillen aufmalen.

2 Die Eier mit Filzstiftpunkten dekorieren. Aus Satinbändern, deren Enden zuvor abgeschrägt werden, sechs kleine Schleifen binden und auf den Eiern befestigen. Die Federn von hinten auf die Eier kleben. Jeweils einen Faden hinter den Eiern fixieren.

3 Die Hühner samt Federn hinter die Borte kleben, diese am Fenster fixieren und die Eier mit aufhängen.

Tipp: Es sieht auch hübsch aus, wenn Sie eine schmale Borte aus Fotokarton zuschneiden, an diese die Eier hängen und diese dann über den Hühnern anbringen.

Kunterbunte Häuser

→ fröhliche Stadt

1 Die Häuschen zusammenfügen und mit Filzstiften bemalen.

3 Die Borten aufeinander kleben, bemalen und dahinter die Häuser anbringen.

4 Pro Blüte ein 10 cm langes Stück Papierdraht um einen Stift zur Spirale wickeln und mit Heißkleber hinter den Blüten befestigen. Diese mit Abstandsband auf die Borte kleben.

MOTIVHÖHE
ca. 25 cm (pro Borte)

MATERIAL
- Fotokarton in Dunkelgelb und Orange, A2
- Fotokarton in Gelb, Pink, Hellgrün, Türkis und Lila, A3
- Fotokartonreste in Rosa und Hellblau, A4
- Fotokarton, kariert, in Gelb, Grün, Rosa, Hellblau, A5
- Fotokarton mit Pünktchen in Gelb, A5
- Fotokarton mit Kringeln in Blau und Rosa, A5
- Filzstifte in Pink, Lila, Grün, Hellblau und Orange
- Papierdraht in Grün
- Zackenschere
- Wellenschere

Kaffeezeit

→ Highlight für die Küche

MOTIVHÖHE
ca. 60 cm (insgesamt)

MATERIAL
- Fotokarton in Dunkelbraun und Dunkelrot, A2
- Fotokarton in Braun, A3
- Fotokartonreste in Weiß, Dunkelgelb, Orange, Olivgrün und Creme
- Lackmalstift in Weiß
- Filzstifte in Schwarz, Rot, Grün und Orange
- Buntstift in Braun
- Papierdraht in Grün, 20 cm lang
- Tonkarton mit Bordüren in Braun, Bordüre ca. 1 cm breit, 2 x 50 cm lang
- Kaffeebohnen

1 Alle Einzelteile ausschneiden und zusammenfügen. Dabei auf die Grundform der kleinen Vase und der Kanne die mit dem Cutter geschnittenen Streifen kleben, dann umdrehen und die überstehenden Kanten sorgfältig abschneiden.

2 Die Untertasse mit einem Cutter einritzen und die Tasse hineinschieben, den Schaum von hinten ergänzen. Alles bemalen.

3 Aus Papierdraht einen Blumenstängel zuschneiden (20 cm lang), mit Heißkleber hinter die Vase kleben, dann Blüte und Blatt anbringen.

4 Aus dem Tonkarton mit Bordüren den gewünschten Streifen mit einem Cutter heraustrennen und auf die beiden dunkelbraunen Borten kleben. Dann die Motive befestigen und die Kaffeebohnen aufkleben.

Tipp: Wenn Sie den Tonkarton mit Bordüren nicht bekommen, können Sie auch ein Muster von Hand aufmalen oder Sie verwenden Geschenkband.

„Die clevere Vorlage“

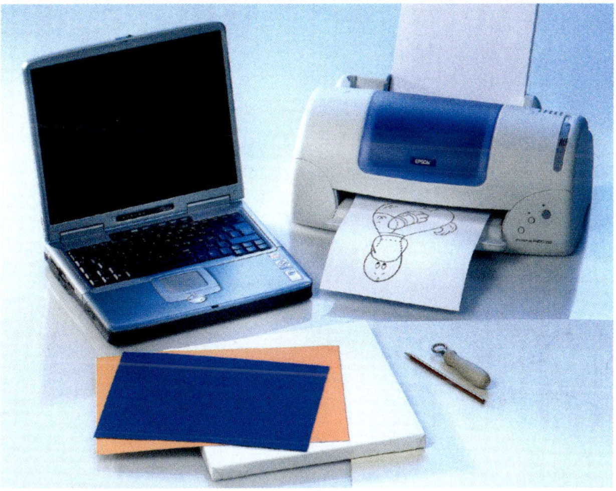

Anleitung für die Software „Vorlagen-Druckstudio“

Die beiliegende CD-ROM enthält sowohl das Computer-Programm „Vorlagen-Druckstudio“ als auch alle Vorlagen-Zeichnungen für die Modelle dieses Buches.
Zusätzlich ist ein oder mehrere Bonus-Modelle mit Foto, Anleitungstext, Materialangaben und Vorlagen-Zeichnungen enthalten. Hinweise zu den Systemvoraussetzungen finden Sie auf der hinteren Umschlagklappe.

1 Installation des Programms „Vorlagen-Druckstudio“

Legen Sie die CD-ROM in das Laufwerk Ihres PCs ein. Das Installations-Programm startet automatisch. Der Assistent führt Schritt für Schritt durch den Installations-Vorgang. Außerdem werden Verknüpfungen zum Start des Programms im Windows-Startmenü und – auf Wunsch – auf dem Windows-Desktop abgelegt.

2 Start des „Vorlagen-Druckstudios“

Gestartet werden kann die Software entweder durch einen Doppelklick auf das Programmsymbol

Druckstudio.exe

auf dem Windows-Desktop oder über den Eintrag im Windows-Startmenü. Wenn bei der Installation die Standard-Einstellungen übernommen wurden, ist dies zu finden unter

Start / Programme / TOPP Vorlagen-Druckstudio

3 Programmoberfläche

Das Programm enthält drei Hauptbereiche. Diese sind wie „Karteikarten“ aufgeteilt und mit „Kartei-

reitern“ beschriftet. Gestartet wird auf der ersten „Karteikarte“ „Motiv auswählen“.
Im Bereich „Aktuelles Buch“ ist der Titel, der gestartet wurde, zu sehen. Wenn mehrere Bücher mit dem „Vorlagen-Druckstudio“ installiert sind, kann durch einen Klick auf den Pfeil rechts eine Liste aller Bücher aufgeklappt werden.

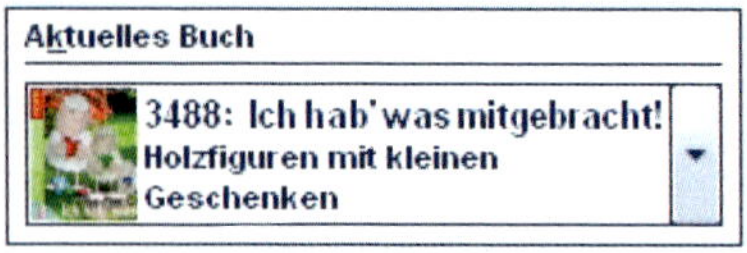

Verlassen können Sie das Programm entweder durch einen Klick auf das rote Kreuz rechts oben oder über den Eintrag „Beenden“ im Menü „Datei“.

4 Modell auswählen

Im Bereich „Modelle“ befindet sich eine Liste mit allen Bastelanleitungen des Buches inklusive Modellnamen und Seitenzahl. Durch einen Klick auf einen Eintrag können Sie das Motiv auswählen, das Sie erstellen möchten. Im Vorschau-Fenster rechts erscheint daraufhin das Motivfoto.

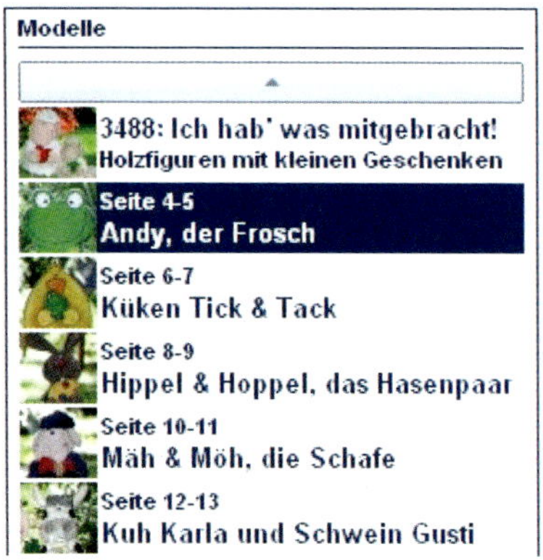

Unter dem Foto befinden sich zwei Schaltflächen. Hier kann zwischen der Motivansicht und der Vorlagenansicht umgeschaltet werden.

Klicken Sie anschließend auf Weiter ▸, um zur Karteikarte „Vorlagenzeichnung auswählen“ zu wechseln.

5 Vorlagenzeichnung auswählen

Auf dieser „Karteikarte“ sind alle Teile, die zu einem Modell gehören, dargestellt. Achtung! Die Größenverhältnisse der einzelnen Teile werden hier nicht maßstabsgetreu wiedergegeben. Wenn Sie nur einzelne Vorlagenzeichnungen eines Modelles ausdrucken möchten, können Sie durch einen Klick auf die Haken links neben der Bauteilbezeichnung auch einzelne Teile ab- und anwählen. Standardmäßig sind alle Einzelteile aktiviert.

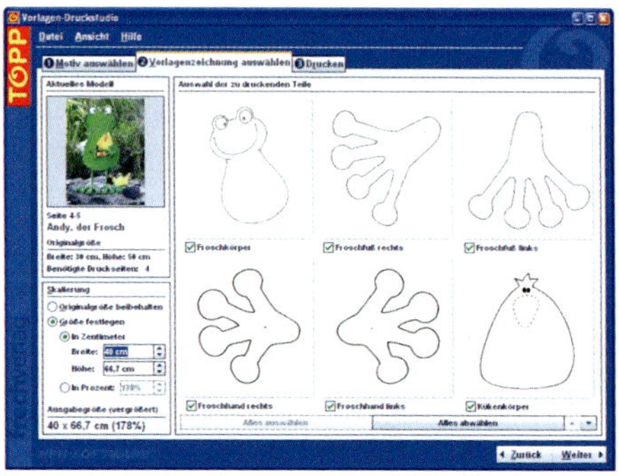

6 Modellgröße anpassen

Im Bereich „Skalierung“ links unten können Sie nun die Größe, in der Sie das Modell erstellen wollen, verändern. Klicken Sie dafür auf die Schaltfläche „Größe festlegen“.

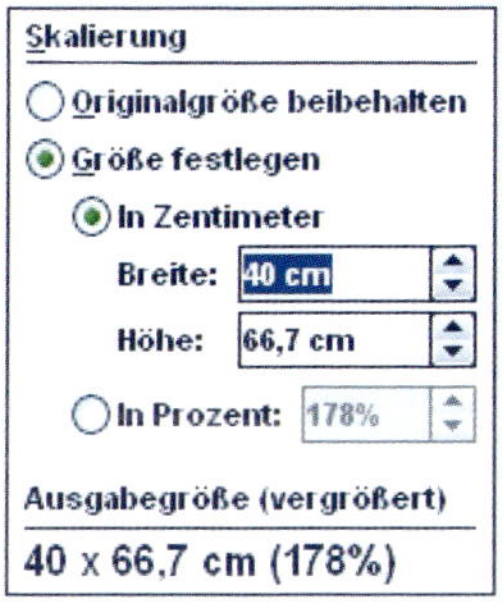

Nun können Sie die gewünschte Modellgröße bzw. -breite in Zentimetern eingeben. Dabei wird das richtige Seitenverhältnis automatisch beibehalten. Wenn Sie also den Wert für die Modellhöhe ändern, ermittelt das Programm automatisch den richtigen Wert für die Breite.

Alternativ können Sie – ähnlich wie bei einem Fotokopierer – auch die Modellgröße in Prozent zur Originalgröße angeben. Klicken Sie dafür auf die runde Schaltfläche „In Prozent“ und geben Sie den gewünschten Wert ein.

Wenn Sie sich entscheiden, das Modell doch in der Originalgröße zu basteln, können Sie einfach auf „Originalgröße beibehalten“ klicken, damit alle vorgenommenen Einstellungen zurückgenommen werden.

Klicken Sie anschließend auf Weiter ▸, um zur Karteikarte „Drucken“ zu wechseln.

7 Druckeinstellungen

Auf dieser „Karteikarte“ sehen Sie im rechten Bereich bereits eine Vorschau auf die Ausdrucke der ausgewählten Vorlagen-Zeichnungen.

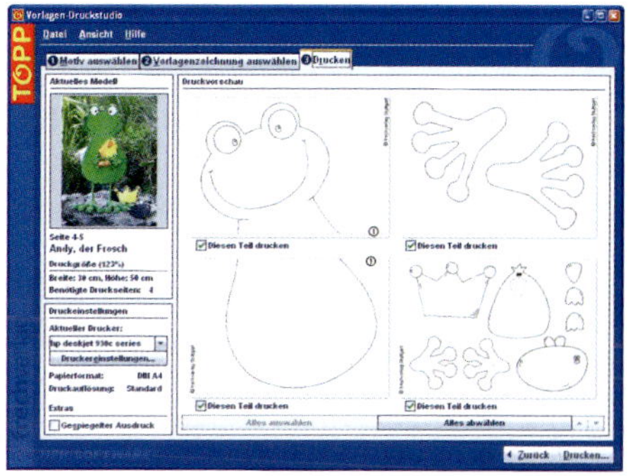

Links unten gibt es unter „Druckereinstellungen“ die Möglichkeit, zwischen verschiedenen Druckern zu wechseln, wenn Sie mehrere Geräte an Ihren Computer oder in Ihrem Netzwerk angeschlossen haben.

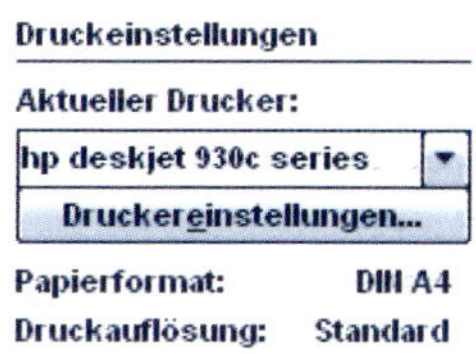

Wenn Sie einen Drucker besitzen, der auch DIN A3 Papier verarbeiten kann, so lässt sich dies in den „Druckereinstellungen“ auswählen. Hinweise dazu finden Sie im Handbuch Ihres Druckers, da die entsprechenden Einstellungen bei jedem Hersteller und jedem Modell variieren.

8 Besondere Einstellungen für das Abrubbeln der Vorlagen

Wenn Sie die Vorlagen anschließend durch Abrubbeln direkt auf Ihr Material übertragen wollen (das so genannte „Drubbeln“), müssen die Vorlagenzeichnungen spiegelverkehrt ausgedruckt werden. Klicken Sie dafür auf die Schaltfläche

☐ Gespiegelter Ausdruck

Für das Abrubbeln eignet sich handelsübliches Kopierpapier oder das im Bastelfachhandel erhältliche Spezialpapier zum Übertragen von Vorlagen. Nicht geeignet sind spezielle Inkjet- oder Fotopapiere, da diese die gesamte Tinte aufsaugen. Am besten experimentieren Sie mit verschiedenen Papiersorten. Sollten Sie Probleme haben, dann hilft es, in den Druckereinstellungen die Papiersorte von „Normalpapier" auf „Fotopapier" (die höchste Druckqualität) zu wechseln, trotzdem aber normales Kopierpapier in den Drucker einzulegen (die genauen Bezeichnungen variieren von Hersteller zu Hersteller). Bei dieser Einstellung wird mehr Tinte auf das Papier gespritzt, als es normalerweise aufnehmen kann. Diese überschüssige Tinte lässt sich dann leicht durch Abrubbeln auf ein Werkstück übertragen.

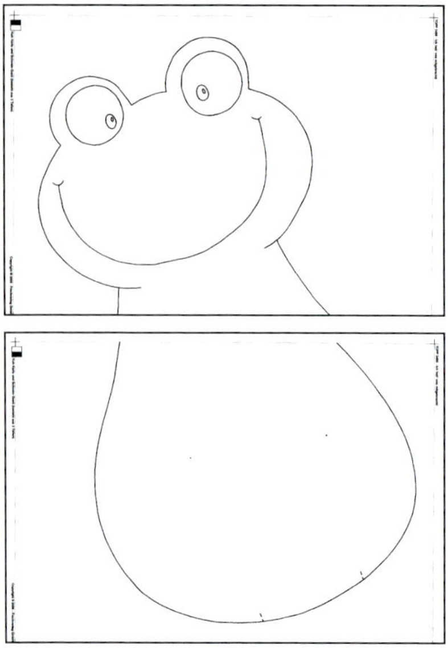

9 Drucken

Mit einem Klick auf die Schaltfläche **Drucken...** starten Sie den Druckvorgang. Große Vorlagenzeichnungen werden automatisch auf mehrere Blätter verteilt. Diese müssen Sie anschließend nur noch anhand der ebenfalls aufgedruckten Markierungen zusammen kleben. Schneiden Sie dafür jeweils den Rand eines Blattes entlang der Markierung ab und kleben Sie es auf den Rand des „Nachbar-Blattes".

10 Vorlage durch „Drubbeln" übertragen

„Drubbeln" heißt „Drucken" und „Rubbeln" und ist eine neue, verblüffend einfache und sehr praktische Art, Vorlagen direkt auf ein Material zu übertragen. Das funktioniert auf Holz, Karton, Papier oder einen Keilrahmen und mit jedem Tintenstrahldrucker. Legen Sie einfach die ausgedruckte Vorlagenzeichnung mit der bedruckten Seite nach unten auf Ihr Werkstück und rubbeln sie die Linien z. B. mit der Rückseite eines Bleistiftes ab. Besonders leicht geht es mit dem Übertragungs-Werkzeug, das Sie auf dem Foto sehen und das im Bastelfachhandel erhältlich ist.

Selbstverständlich können Sie aber auch wie gewohnt die Vorlagen mit Transparentpapier, mit Kohlepapier oder mit der Schablonen-Technik übertragen.

Wir wünschen Ihnen viel Spaß und viel Erfolg mit der „Cleveren Vorlage".

KAFFEE
Küche
LATTE

Katzen-treffen

→ drei Freunde

1 Alle Motivteile zusammenfügen und bemalen.

2 Aus Satinband Schleifchen binden und aufkleben. Den Schwanz aus rosa Papierdraht zur Spirale drehen (siehe Seite 14) und hinter den Mauskörper kleben.

3 Die beiden Borten zu einer Ecke zusammenkleben und die Tatzen aufmalen. Dann die Katzen hinter der waagerechten Borte platzieren, dabei die Schwänze auf die Vorderseite ziehen.

MOTIVHÖHE
ca. 30 cm (große Katze)

MATERIAL

- Fotokarton in Grau, A3
- Fotokarton in Gelb, Orange, Rosa, Pink, Hellgrün, Hellblau und Lila, A5
- Lackmalstift in Weiß
- Filzstifte in Schwarz, Orange, Pink, Grün, Rosa und Lila
- Papierdraht in Rosa, 15 cm lang
- Satinband in Gelb, 3 mm breit, ca. 30 cm lang

Sommerlaune

→ mit maritimer Stimmung

1 Die weiße Grundform der Leuchttürme mit roten Streifen, Dächern und eckigen Fenstern bekleben. Die runden Fenster und die weiteren Details aufmalen.

2 Die Schiffe bemalen, dann hinter die Wellenborte kleben.

3 Seesterne und Muscheln bemalen, durch den oberen Rand einen Faden ziehen, auf diesen Rocailles fädeln und danach mit Klebefilm unten hinter der Borte befestigen.

4 Motiv am Fenster dekorieren und die Möwen mit Klebefilm anbringen.

MOTIVHÖHE
ca. 65 cm (insgesamt)

MATERIAL

- Fotokarton in Dunkelblau und Weiß, A2
- Fotokartonreste in Schwarz, Gelb, Creme und Orange
- Filzstifte in Schwarz, Gelb, Rot und Blau
- Nähgarn in Weiß
- Nähnadel
- Rocailles, perlmutt, in Creme, Orange und Rot, ø 2,6 mm

5
Calypso
21
Anna
7
Sabine
10
Italy

Blick in die Toskana

→ Urlaub im Wohnzimmer

MOTIVHÖHE
ca. 60 cm (insgesamt)

MATERIAL
- Fotokarton in Hellgrün, A2
- Fotokarton in Hellbraun, Braun und Gelb, A4
- Fotokartonreste in Dunkelgrün, Orange, Dunkelrot, Olivgrün, Creme, Dunkelbraun und Lila
- Tonkarton mit Bordüren in Grün, Bordüre ca. 3,5 cm breit, 2 x 50 cm lang
- Lackmalstift in Weiß
- Filzstifte in Schwarz, Orange und Hellbraun
- Buntstifte in Dunkelbraun und Braun
- Gelstift in Lila metallic
- Papierdraht in Grün, ca. 30 cm lang
- Zackenschere

1 Für die obere und untere Borte den unteren Rand der beiden hellgrünen Fotokartonstreifen mit der Zackenschere zuschneiden, die bedruckte Bordüre darüber kleben.

2 Die Dächer auf die Häuser kleben, Fenster und Türen aufmalen. Häuser und Bäume auf der oberen Borte anbringen.

3 Auf die mittlere Borte zuerst die bemalten Zitronen, dann Oliven und Peperoni kleben. Die Blätter dazwischen anbringen.

4 Die Töpfe zusammenkleben und bemalen, die einzelnen Weintrauben mit dem Gelstift aufmalen. Drei 10 cm lange Stücke Papierdraht um einen Stift wickeln, wieder abziehen und mit Heißkleber hinter den Trauben befestigen.

5 Alle restlichen Motive auf die Borten kleben.

Tipp: Den Tonkarton mit aufgedruckten Bordürden erhalten Sie im Bastelfachhandel. Alternativ können Sie hier z. B. auch ein passendes Geschenkpapier verwenden.

Im Herbstwald

→ leuchtende Farben fürs Fenster

1 Die braunen Bordüren hinter die bemalten Baumstämme kleben, dann die Blätter anbringen.

2 Die Flügel mit den Streifen verzieren, dann hinter den Eulenkörper kleben. Die Ohren zusammenfügen und aufkleben, die Augen über die Schnäbel kleben.

3 Das Eichhörnchen zusammenfügen und bemalen. Alle Motivteile auf den Ästen arrangieren.

MOTIVHÖHE
ca. 59 cm (insgesamt)

MATERIAL

- Fotokarton in Braun, A2
- Fotokarton in Dunkelbraun, A3
- Fotokartonreste in Gelb, Hellorange, Pink, Orange, Hellgrün, Olivgrün, Ocker und Rostbraun
- Tonkarton mit Bordüren in Braun, Bordüre ca. 6 cm breit, 2 x 60 cm lang
- Lackmalstift in Weiß
- Filzstifte in Schwarz und Braun

Adventszauber

→ fröhliche Weihnachten

MOTIVHÖHE
ca. 30 cm (Nikolaus)

MATERIAL

- Fotokarton in Dunkelgrün, A3
- Fotokarton in Dunkelrot und Mittelblau, A4
- Fotokartonreste in Rosa, Pink, Weiß, Hautfarbe, Gelb, Hellorange, Hellgrün mit Pünktchen und Karos
- Transparentpapierrest in Weiß mit Punkten
- Tonkarton mit Bordüren in Grün, Bordüre ca. 2 cm breit, ca. 1 m lang
- Lackmalstift in Weiß
- Filzstifte in Schwarz, Rot, Orange, Gelb, Grün, Pink und Hellblau
- Buntstift in Rot
- Pompon in Rot und Weiß, ø 1 cm
- Nähgarn in Weiß
- Nähnadel
- Zackenschere
- Satinband in Rot, 5 mm breit, 15 cm lang
- Klebekissen

1 Alle Einzelteile aus dem gewünschten Papier zuschneiden, die Bordüre mit der Zackenschere.

2 Alles zusammenfügen und bemalen. Die Wangen werden mit abgeschabten, roten Buntstiftspänen gerötet. Dann den Engel von vorne, den Weihnachtsmann von hinten an die Borte kleben. Die restlichen Einzelteile ebenfalls anbringen.

3 Die Kugeln mit Nähgarn an das Tannengrün hängen, zum Schluss die Schleife und die Pompons aufkleben.

4 Kekse und Geschenke mit Klebekissen aufkleben.

Winterhäuser

→ verschneite Landschaft

MOTIVHÖHE
ca. 18 cm (Häuser)

MATERIAL
- Fotokarton in Dunkelblau, A2
- Fotokarton in Hellblau, Mittelblau, Blau, Hellgrün und Türkis, A4
- Tonpapier in Weiß, A3
- Transparentpapier in Gelb, A2
- Snow-Pen
- Schneeflocken mit Strass, ø ca. 3 cm (Fertigteil)
- Hologrammflitter in Silber
- Strukturschnee
- Pinsel
- Acrylfarbe in Hellblau

1 Fenster und Türen der Häuser mit einem Cutter ausschneiden, die Häuser an den Klebekanten aneinander kleben.

2 Den Strukturschnee pur auf zwei Borten auftragen. Für die mittlere Borte mit etwas hellblauer Acrylfarbe mischen. Den Schnee nach dem Auftragen sofort mit Flitter bestreuen. Alles gut trocknen lassen.

3 Die Häuser mit Transparentpapier hinterkleben. Dafür das Transparentpapier auf die Rückseite der Häuserreihe legen, mit Bleistift die Kontur umfahren, dann das Papier etwas kleiner ausschneiden und mit Klebestift hinter die Häuserreihe kleben.

4 Sämtliche Hausdächer mit Snow-Pen bemalen. Gut trocknen lassen, dann die Häuser und die Tannen hinter den Borten befestigen. Die Schneeflocken nach Wunsch zwischen den Motiven am Fenster arrangieren.

Tipp: Die Häuserreihe kann auch hübsch als Kreis zusammengeklebt werden. Diesen Kreis um drei Gläser mit Teelichtern stellen. So hat man ein schönes Tischlicht. Sie können die Häuserreihe auch komplett weiß gestalten.

Schneemänner

→ Besuch vom Nordpol

MOTIVHÖHE
ca. 30 cm

MATERIAL

- Fotokarton in Weiß und Hellblau, A3
- Fotokartonreste in Orange, Pink, Rosa, Hellgrün, Dunkelgrün, Hellblau und Mittelblau
- Filzstifte in Schwarz, Orange, Dunkelgrün, Hellblau, Lila und Pink
- Papierdraht in Orange, Rosa, Hellgrün und Blau, ca. 5 cm lang
- Motivlocher „Schneeflocke“, ø ca. 4 cm
- Buntstift in Hellblau

1 Alle Motivteile ausschneiden und zusammenfügen. Dabei für den gestreiften Bauch hellblauen Fotokarton auf den Körper kleben, danach die blauen Streifen ergänzen. Als Hutkrempe den Papierdraht befestigen.

2 Gesichter, Körperkonturen etc. aufmalen, dabei für die Augen einen hellblauen Kreis malen und einen Punkt als Pupille hineinsetzen.

3 Die Borte zuschneiden und anschließend die Schneeflocken mit dem Motivlocher in regelmäßigen Abständen (hier 4 cm) ausstanzen.

4 Die Schneemänner auf die Rückseite der Borte kleben. Den Eisbär von vorne auf die Borte setzen, dabei darauf achten, dass seine Beine die Stanzlöcher nicht überdecken.

Tipp: Sehr hübsch sieht es auch aus, wenn Sie mehrere Borten mit unterschiedlich großen Schneemännern arbeiten, die weißen Tannenbäume (siehe Seite 29) dazu dekorieren und die Borten dann übereinander aufhängen.

Autorin

Über die Autorin können Sie im Internet unter www.ritterhoff.de und www.yellowgallery.de mehr erfahren.

Variationen

Auf der Abbildung sehen Sie tolle Ideen, wie Sie teils verkleinerte Motive alternativ verwenden können. Einfach mithilfe der Software „Vorlagen-Druckstudio" auf die gewünschte Größe skalieren und wie auf Seite 2 beschrieben auf das Papier drubbeln – Ihrer Fantasie sind keine Grenzen gesetzt! Die kleinen Frösche von Seite 9 können Sie als Magnete umfunktionieren. Die Frösche verkleinert ausarbeiten und hinten einen Magneten aufkleben. Für das Lesezeichen Tonkarton wellig zuschneiden, beschriften und eine Libelle (Seite 7) aufkleben. Die Kronen von Seite 3 verkleinert arbeiten und auf Wäscheklammern kleben, schon haben Sie hübsche Memohalter. Die Blumen von Seite 15 können Sie auf Papierdraht kleben und diesen um Stifte rollen. Die verkleinerten Katzen von Seite 18/19 oder ein Häuschen von Seite 14/15 sind auch als Karten oder Bilderrahmen nett.

DIESES BUCH ENTHÄLT 1 CD-ROM

IMPRESSUM

FOTOS: frechverlag GmbH, 70499 Stuttgart; Fotostudio Ullrich & Co., Renningen
DRUCK: frechdruck GmbH, 70499 Stuttgart

Auflage: 5. 4. 3. 2.
Jahr: 2010 2009 2008 2007 2006 [Letzte Zahlen maßgebend]

ISBN 10: 3-7724-3489-4
ISBN 13: 978-3-7724-3489-1
Best.-Nr. 3489